Hanaé LECASIO

CASSE BOUCHE

Bienvenue au pays du rire

Dépôt légal : février 2021

© 2021, Lecasio, Hanaé
Edition : Books on Demand,
12/14 rond-Point des Champs-Elysées, 75008 Paris
Impression : BoD - Books on Demand, Norderstedt, Allemagne
ISBN : 9782322216727
Dépôt légal : février 2021

Pour s'échauffer !

Essayez de répéter 3 fois chaque casse-bouche (pas si facile!)

Poches plates, plates poches

Pruneau cuit, pruneau cru

Papier, piano, panier

Trois petites truites crues

Un plein plat de blé pilé

Truite crue, truite cuite

Faible et fiable, fiable et faible

Douze douches douces

Casse-bouches pour postillonner

C'est un plat plein de pâtes plates

La poule pousse la petite poupée partout

Belle brune, belle prune, belle pelle, brune prune

Pauvre petit paquet postal perdu pas parti pour Papeete

La pipe au papa du pape Pie pue

Paul se pèle au pôle dans sa pile de pulls et polos pâles

Tout l'été, la tarte tatin au thé de tante Tété t'a tenté

Tu t'entêtes à tout tenter, tu t'uses et tu te tues à tant t'entêter

Le respectable spectre du spectacle inspecte l'estrade esquintée

La pie pond sans piper, pompeux, le paon papote

Des blancs pains, des bancs peints, des bains pleins

Passe ta pâte à papa, et tape ta pâte à tapas

Le plat plein ploie sous le poids ou ne ploie point?

Un banc plein de pain blanc est un plein banc de blanc pain

Tata, ta tarte tatin tenta Tonton, et Tonton tâta ta tarte tatin, Tata

Si six spams spamment six spammeurs, six spammeurs seront spammés

Le tas de riz tentant tenta le tas de ras tentés; le tas de ras tentés tâta le tas de riz tentant

Quatre-vingt-quatre blattes écarlates s'éclatent près des plats de pâtes et de patates avec un mille-pattes

Bébé boit dans son bain, pépé peint dans son coin, dans son bain bébé boit, dans son coin pépé peint

Casse-bouches pour « zozoter »

Zaza zézaie, Zizi zozote

Son chat chante sa chanson

Six saucisses sèchent

Cinq chiens chassent six chats

Onze oncles, onze ongles, on jongle

Seize chaises sèchent

Sachez soigner ces six chatons si soyeux

Il cherche ses chaises chez Sanchez

Suis- je chez ce cher Serge?

Je veux et j'exige, j'exige et je veux

Son sage chat, son sage chat, son sage singe

Je veux et j'exige quatre- vingt- seize chaises

Serge cherche à changer son siège

Des singes agiles et sages, des singes sages et agiles

Sans souci, six sangsues suçant au sang six cents sots

Un chasseur sachant chasser doit savoir chasser sans son chien

Josette sans souci chaussa ses chaussures sur son sofa soyeux

S'étant séché sagement, ce censé chasseur se chausse sagement

Six chats chauves assis sur six souches de sauge sèche,

Sans zèle, sans ailes, sans sel et sans elle, sa chance chancelle

Suis-je bien chez ce cher Serge qui se sert en cierges chez son sergent-chef?

Ces basques se passent ce casque et ce masque jusqu'à ce que ce masque et ce casque se cassent

Six- cent- six suisses sucent six- cent- six saucisses dont six en sauce et six sans sauce

Un chasseur qui chassait fit sécher ses chaussettes sur une souche sèche

Anastase esquisse l'exquise extase

Sachez donc acheter six sauces en sachets

Cherche sous chaque sac sale et dans chaque sac sec

Ce chasseur si cher se sèche ce soir à son séchoir mais son cher chien sage se sèche et chasse seul

Va me chercher six chaises chez ce cher Serge si sage et si chaste

Chasseurs, sachez chasser sans chien; sans chien, sachez chasser chasseurs

Seize jacinthes sèchent dans seize sachets secs

Sacha, sage chasseur âgé au sang chaud, chasse un chat chauve

Sache que ça se cache, et cache que ça ne se sache

Si six cents sous, c'est six cents soucis, six cent six sous, c'est six cent six soucis

Si sur six chaises sont assis six frères, sur six cent six chaises, sont assis six cents frères

Natacha n'attacha pas son chat Pacha qui s'échappa; cela fâcha Sacha qui chassa Natacha

Son sage chat, son sage chien, son sage singe

Je sèche ces cheveux chez ce cher Serge

Je veux et j'exige d'exquises excuses du juge; du juge, j'exige et je veux d'exquises excuses

Gisèle gèle des aisselles sous l'échelle chez elle à Courchevel

Un sot chasseur ne sachant pas chasser, chassait sans cesse et sans son chien, dans ces branchages desséchés

Ce chasseur si cher se sèche ce soir à son séchoir mais son cher chien sage se sèche et chasse seul

Je cherche ces chiots chez Sancho, je cherche ces chats chez Sacha, je cherche ces seize cent seize chaises chez Sanchez

Casse-bouches pour « creucreuter »

Quatre coqs coquets croquaient quatre croquantes coquilles

Un criquet sur sa crique crie son cri cru et critique

Quarante carottes crues croient que croquer crée des crampes

Quatre très gros crapauds crient dans quatre très gros trous creux

Trois crabes crus croissent, trois crabes cuits crient

Si tu m'eusses cru, tu te fusses tu; te fusses-tu tu, tu m'eusses plus cru

Qui crut croquer une crevette crue croqua une croquette croquante

Trois très grands crus dans trois grandes cruches creuses

Que c'est crevant de voir crever une crevette sur la cravate d'un homme crevé dans une crevasse

Casse-bouches pour « treutreuter »

Trois tortues trottaient sur un trottoir très étroit

Trois tristes tortues tournent sur trois toits gris

Je troque trente trucs turcs contre treize textes tchèques

À Troie, trois tatillons traiteurs entretiennent très tôt trente tréteaux en se traitant de traîtres à tue-tête

Trente-trois gros crapauds gris dans trente-trois gros trous creux

Trente étroites truites et trois étroites truites font trente-trois étroites truites

Trois très gros rats dans trois très grands trous rongèrent trois très gros grains d'orge

Trois gros rats gris dans trois gros trous ronds rongent trois gros croutons ronds

Trois petites truites non cuites, trois petites truites crues

L'intrus obtus obture l'obus, l'intrus obture l'obtus obus

Casse-bouches anglais pour postillonner

Pretty Polly likes pinky pirates

(Jolie Polly aime les pirates roses)

Picky people pick Peter Pan Peanut Butter

(Les gens difficiles choisissent le beurre d'arachide Peter Pan)

Eight apes ate eight apples

(Huit singes ont mangé huit pommes)

Peter Piper picked a peck of pickled peppers

(Peter Pipper a choisi un picotin de piments piquants)

Note : Le picotin est une ancienne unité de mesure démodée, en français, comme en anglais.

Two tired trains travel together to Toyland

(Deux trains fatigués voyagent ensemble à Toyland)

Two tiny tigers take two taxis to town

(Deux petits tigres prennent deux taxis pour se rendre en ville)

The two-twenty-two train tore through the tunnel

(Le train deux-vingt-deux a traversé le tunnel)

Betty bought a bit of butter but the butter was bitter, so she bought a bit of better butter to make the bitter butter better butter

(Betty a acheté un peu de beurre mais le beurre était amer, donc elle a acheté un peu de meilleur beurre pour rendre l'amer beurre un meilleur beurre)

Black background, brown background

(Fond noir, fond marron)

The boot black bought the black boot back

(La botte noire a racheté la botte noire)

Bobby brings big bright bells

(Bobby apporte de grosses cloches lumineuses)

Rubby baby buggy bumpers

(Pare-chocs pour poussette Rubby)

Billy blows big blue bubbles

(Billy fait des grandes bulles bleues)

A big black bug bit a big black bear

(Un gros insecte noir a mordu un gros ours noir)

Casse-bouches anglais pour « zozoter »

Three free throws

(Trois lancers francs)

They threw three thick things

(Ils ont jeté trois choses épaisses)

Twelve twins twirled twelve twigs

(Douze jumeaux ont fait tournoyer douze brindilles)

Think of something pathetic, anything

(Pensez à quelque chose de pathétique, n'importe quoi)

She gave birth last month, in her bath, on Thanksgiving

(Elle a accouché le mois dernier dans sa baignoire, le jour de Thanksgiving)

We switched our sweaty sweaters swiftly

(Nous avons changé nos pulls en sueur rapidement)

I thought of thinking of thanking you

(J'ai pensé à te remercier)

Not these things here but those things there

(Pas ces choses ici mais ces choses là)

Santa's sleigh slides sideways on slushy snow

(Le traîneau du Père Noël glisse sur le côté sur la neige fondante)

Cheap ship trip, cheap ship trip

(Voyage en bateau pas cher, voyage en bateau pas cher)

She sells seashells by the seashore of the Seychelles

(Elle vend des coquillages au bord de la mer des Seychelles)

Which whitch switched the Swiss wristwatches?

(Quelle sorcière a changé les montres bracelets suisses?)

The thirty-three thieves thought that they thrilled the throne throughout thurday

(Les trente-trois voleurs pensaient avoir ravi le trône tout au long de la journée de jeudi)

A healthy mouth has thirty-two teeth

(Une bouche en bonne santé compte trente-deux dents)

They didn't bother themselves with this

(Ils ne se sont pas dérangés avec ça)

Casse-bouches espagnols pour « zozoter »

Si la sierva que te sirve, no te sirve como sierva, de que sirve que te sirvas, de una sierva que no sirve

(Si le serviteur qui vous sert ne vous sert pas en tant que serviteur, quelle est l'utilité de vous servir d'un serviteur qui ne sert pas)

Busco al vasco bizco brusco

(Je cherche le basque aux yeux croisés)

Sansón no sozona su salsa con sal

(Sanson n'assaisonne pas sa sauce avec du sel)

Saca el saco de sal al sol que se seque

(Sortez le sac de sel au soleil pour le sécher)

Cuándo pises pisos cuenta cuántos pisos pisas

(Lorsque vous marchez sur les étages, comptez le nombre d'étages sur lesquels vous marchez)

Historia es la narración sucesiva de las sucesos que se sucedieron sucesivamente en la sucesión sucesiva de los tiempos

(L'histoire est la narration successive des évènements qui se sont déroulés successivement dans la succession successive des temps)

Casse-bouches espagnols pour postillonner

Paco guarda las pocas copas que poco a poco saco

(Paco garde les quelques verres que je sors petit à petit)

Pepe puso un peso en el piso del pozo, en el piso del pozo Pepe puso un peso

(Pepe a mis un poids sur le sol du puits, sur le sol du puits, Pepe a mis un poids)

Pepe Peña pela papa, pica piña, pita un pito,

(Pepe Peña épluche la pomme de terre, hache l'ananas, siffle un sifflet)

Poquito a poquito Paquito empaca poquitas copitas en pocos paquetes

(Petit à petit, Paquito emballe quelques tasses dans quelques paquets)

Piquito picotea, poquito a poquito

(Piquito picore petit à petit)

Casse-bouches pour le fun !
(International)

Macron mâchonne machinalement un macaron machiavélique et une madeleine magistrale

Biden badge un babouin bafouillant et bagarreur

Dans ta tente, ta tante t'attend

L'eau des nouilles me coule le long des coudes

Écartons ton carton car ton carton nous gêne

Un dragon gradé dégrade un gradé dragon

Le mur murant Paris rend Paris murmurant

Brosse la bâche, baisse la broche

Beau Bob boude belle Babette

Juste juge, jugez Gilles jeune et jaloux

Ta Cathy t'a quitté, c'est ta Cathy qui t'a quitté, t'as qu'à tout quitter

Tic pique Tac quand Tac attaque Tic, et Tac pique Tic quand Tic attaque Tac,

La mouche rousse touche la mousse

Ces fiches-ci sont à statistiquer

La toque chic et kitsch d'Hitchcock choque

Six slips chics, six chics slips

As-tu su si c'est ici que se situe l'issue de l'usine?

As- tu vu le ver vert allant vers le verre en verre vert?

Boire un soir la poire noire et croire devoir reboire pour croire pouvoir s'assoir

J'ai bu un bien bon verre de bien bon vin blanc vieux

Foie frit froid et fruits frais frits,

Un généreux déjeuner régénèrerait des généraux dégénérés,

Je mouille mes coudes, mes coudes se mouillent, est-ce que je mouille mes coudes?

Cuis huit nuits huit iguanes

Une chose inaliénable fait une inaliénabilité

Un grand dragon gradé guindé prit un gadin

Fruits frais, fruits frits, fruits cuits, fruits crus

La roue sur la rue roule, la rue sous la roue reste

Si huit fruits cuits lui nuisent, donnez-lui huit fruits crus

Avez- vous déjà vu un ver allant vers un verre en verre vert à l'envers?

Didon dîna dit-on de dix dos dodus de dix dodus dindons

Les vers verts levèrent le verre vert vers le ver vert

Si ceci se sait, cela aussi se saura, donc cela se saura aussi si ceci se sait

Le fondant du bonbon est dans le fond du bonbon; fendons le bonbon et le fondant du bonbon fendu fond

Foie gras d'oie frais, foie gras froid d'oie frais

Au dindon le don des dents venant du daim est un don sans dédain au-dedans

Une escadrille d'excentriques en espadrilles escorte une excursion d'exorcistes exaltés

L'énorme orme morne orne la morne vallée

Chaque chouette chic choque chaque chapon chaste

Etant sorti sans parapluie, il m'eût plus plu qu'il plût plus tôt

L'ongle de l'oncle, l'angle de l'ongle

Dans le hall du bal, Bill déballe des boules et des balles, mais une balle de Bill déboule du hall du bal

Ces six chocolats-ci sont-ils aussi chauds quand ces six chocolats-là font leur show?

Si six scies scient six cyprès, six cent six scies scient six cent six cyprès

Le vif ver filait vite sur un fil de fer vert; le vert fil de fer vit filer le vilain vert de terre

Madame de Coutufon dit à madame de Foncoutu: «Il y a plus de kilomètres de Coutufon à Foncoutu que de Foncoutu à Coutufon»

Une bien grosse grasse mère avec de bien beaux gros gras bras blancs

L'huile de ces huit huiliers huile l'ouïe de l'huissier

Six cent cinq saints sont sans scie; si six cent cinq saints avaient une scie, six cent cinq saints scieraient sans soucis

Un escroc s'escrime exécrablement à escalader avec exaltation un escabeau exigu

J'exige l'ascension de l'escalier sans essoufflement exagéré

Ma mamie mange mon malabar

Au bain, beau bébé babouin boit son biberon

La nounou de Ninon ne dit ni oui ni non

Angèle et Gilles en gilet gèlent

Cinq gros rats grillent dans la grosse graisse grasse

Luce laisse hélas les lilas à Lucie et les lys à Léa

Une meule moud mille moules molles

Une poule rouge enrouée juge la robe rouge d'un rouge-gorge enragé

La sole a salé son lit, mais la mer a lavé le lit que la sole a salé, et la sole rissole dans la casserole

Fausse facture falsifiée pour s'en foutre plein les fouilles

Harry has a happy hamster

(Harry a un hamster heureux)

Coyotes can't catch crocodiles

(Les coyotes ne peuvent pas attraper les crocodiles)

Can you can a can as a canner can can a can?

(Pouvez-vous mettre en conserve une conserve tout comme un conserveur peut mettre en conserve une conserve?)

Four fine fresh fish for you

(Quatre bons poissons frais pour vous)

Six silly sisters selling shiny shoes

(Six sœurs stupides vendant des chaussures brillantes)

Chips and chocolate cake for children

(Chips et gâteau au chocolat pour les enfants)

I scream, you scream, we all scream for ice-cream!

(Je crie, tu cries, nous crions tous pour de la glace!)

She hopes her husband is home because she's hungry as hell

(Elle espère que son mari est à la maison parce qu'elle a une dalle d'enfer)

Biden blows big blue bubbles

(Biden souffle de grosses bulles bleues)

Fat cats catch angry rats

(Des gros chats attrapent des rats en colère)

Four furious friends fought for the phone

(Quatre amis furieux se sont battus pour le téléphone)

Green glass globes glow greenly

(Les globes de verre vert brillent en vert)

Willy is really weary

(Willy est vraiment épuisé)

How much wood would a woodchuck chuck if a woodchuck would chuck wood?

(Combien de bois jetterait une marmotte si une marmotte jetait du bois?)

A woodchuck would chuck all the wood he could chuck if a woodchuck would chuck wood,

(Une marmotte jetterait tout le bois qu'elle peut jeter si une marmotte jetait du bois)

I slit a sheet, a sheet I slit, upon a slitted sheet I sit

(J'ai fendu un drap, un drap j'ai fendu, sur un drap fendu je m'assois)

Red lorry, yellow lorry

(Camion rouge, camion jaune)

A loyal warrior will rarely worry why we rule

(Un guerrier loyal s'inquiètera rarement de savoir pourquoi nous gouvernons)

Drew Dodd's dad's dog's dead

(Le chien du père de Drew Dodd est mort)

Three grey geese in green fields grazing

(Trois oies grises broutent dans des prés verts)

The chic Sikh's sixty-sixth sheep is sick

(Le soixante-sixième mouton du chic Sikh est malade)

I wish I were what I was when I wished I were what I am

(J'aurais aimé être ce que j'étais quand j'ai souhaité être ce que je suis)

Six thick thistle sticks

(Six bâtons de chardon épais)

Freshly fried fresh flesh

(Chair fraîche fraîchement frite)

Friendly fleas and fireflies

(Puces et lucioles amicales)

Green Greek grapes

(Raisins grecs verts)

Six sisters sing six songs

(Six sœurs chantent six chansons

Sam's shop stocks short spotted socks

(La boutique de Sam propose des chaussettes courtes à pois)

The great Greek grape growers grow great Greek grapes

(Les grands vignerons grecs cultivent de grands raisins grecs)

Fresh fried fish, fish fresh fried, fried fish fresh, fish fried fresh

(Poisson frit frais, poisson frais frit, poisson frit frais, poisson frit frais)

Franck feeds fat fish fresh fish food

(Franck nourrit les poissons gras de nourriture pour poissons frais)

Five frantic frogs fled from fifty fierce fishes

(Cinq grenouilles effrénées ont fui cinquante poissons féroces)

Este caricaturista me caricaturizó

(Ce dessinateur m'a caricaturé)

ÑoñoYañez come ñame en las mañanas con el niño

(Ñoño Yañez mange des ignames le matin avec le garçon)

Tres tristes tigres comen trigo en un trigal

(Trois tigres tristes mangent dans un champ de blé)

Me trajo tajo tres trajes

(Il m'a apporté trois costumes)

Zorro pide socorro con un gorro

(Renard appelle à l'aide avec un chapeau)

Dice la jirafa Renata que levantes una pata

(La girafe Renata dit de lever une jambe)

Dice la ovejita violeta que ruedes como una croqueta

(Le petit mouton violet dit que tu roules comme une croquette)

Dice la vaca Pepita que saltes con una patita

(Pepita la vache dit de sauter avec une patte)

Toto toma té, Tita toma mate, y yo me tomo toda mi taza de chocolate

(Toto boit du thé, Tita boit du maté et je bois toute ma tasse de chocolat)

Sources : Pierre ABBAT, Bruce DEMAUGÉ, Jean-Hugues MALINEAU, Laurent GAULET, Henri GALERON

Table des matières

Pour s'échauffer…………………..……p.05

Casse-bouches pour postillonner………p.07

Casse-bouches pour « zozoter »……….p.13

Casse-bouches pour « creucreuter »…...p.25

Casse-bouches pour « treutreuter »……p.29

Casse-bouches anglais

pour postillonner……………………….p.33

pour « zozoter »………………………..p.39

Casse-bouches espagnols

pour « zozoter »………………………..p.45

pour postillonner………………………p.47

Casse-bouche pour le fun…………….....p.49

7
9